ORAISON FUNÈBRE

DE MONSEIGNEUR

MARIE-DOMINIQUE-AUGUSTE SIBOUR

ARCHEVÊQUE DE PARIS

PRONONCÉE

DANS L'ÉGLISE MÉTROPOLITAINE DE PARIS

LE 12 FÉVRIER 1857

PAR L'ABBÉ CHARLES DE PLACE

Chanoine de l'Église de Paris
Prédicateur ordinaire de S. M. l'Empereur.

PARIS

LIBRAIRIE ADRIEN LE CLERE ET Cⁱᵉ,

IMPRIMEURS-LIBRAIRES DE N.-S.-P. LE PAPE ET DE L'ARCHEVÊCHÉ DE PARIS,
rue Cassette 29, près Saint-Sulpice.

—

1857.

ORAISON FUNÈBRE

DE MONSEIGNEUR

MARIE-DOMINIQUE-AUGUSTE SIBOUR

ARCHEVÊQUE DE PARIS.

PARIS. — TYP. ADRIEN LE CLERE, RUE CASSETTE, 29.

ORAISON FUNÈBRE

DE MONSEIGNEUR

MARIE-DOMINIQUE-AUGUSTE SIBOUR

ARCHEVÊQUE DE PARIS

PRONONCÉE

DANS L'ÉGLISE MÉTROPOLITAINE DE PARIS

LE 12 FÉVRIER 1857

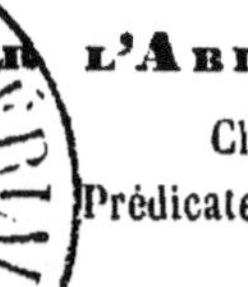

PAR L'ABBÉ CHARLES **DE PLACE**

Chanoine de l'Église de Paris
Prédicateur ordinaire de S. M. l'Empereur.

PARIS

LIBRAIRIE ADRIEN LE CLERE ET Cie,

IMPRIMEURS-LIBRAIRES DE N.-S.-P. LE PAPE ET DE L'ARCHEVÊCHÉ DE PARIS,
rue Cassette 29, près Saint-Sulpice.

—

1857.

Monseigneur SIBOUR (Marie-Dominique-Auguste), né
le 4 avril 1792, à Saint-Paul-Trois-Châteaux, au diocèse de
Valence, Chanoine de l'Église de Nismes, fut nommé Évêque de
Digne, le 30 septembre 1839. Appelé par le général Cavaignac
à l'Archevêché de Paris, après la mort de Mgr Affre, le
10 août 1848, il fut préconisé le 12 septembre de la même
année, prit possession de son Siége par procureur le 12 octobre,
et fut installé le 16 du même mois.

ORAISON FUNÈBRE

DE MONSEIGNEUR

MARIE-DOMINIQUE-AUGUSTE SIBOUR

ARCHEVÉQUE DE PARIS.

Major autem horum est charitas.

La plus excellente des vertus c'est la charité.   (Ire Épît. aux Cor., XIII, 13.)

Eminence [*],

Messeigneurs [**],

Nous lisons au second livre des Machabées, qu'il y avait à Jérusalem un Pontife

---

[*] S. E. le Cardinal Mathieu, Archevêque de Besançon.
[**] Mgr Chalandon, Évêque de Belley, Archevêque nommé d'Aix ; Mgr Dufètre, Évêque de Nevers ; Mgr de Bonnechose, Évêque d'Évreux ; Mgr Jacquemet, Évêque de Nantes ; Mgr Pallu du Parc, Évêque de Blois ; Mgr Sergeant, Évêque de Quimper.

cher à Dieu et aux hommes, le gardien fidèle de la loi, le père des pauvres, l'exemple des lévites et du peuple ; un de ces hommes qui honorent le sacerdoce par la vertu comme le sacerdoce les honore eux-mêmes par la dignité. De tels Pontifes ne devraient trouver sur la terre que la vénération et l'amour ; celui-ci trouva la haine et un meurtrier : Onias tomba sous le poignard d'un sacrilége. Au premier bruit de cet attentat exécrable, la cité se troubla ; Juda resta dans la consternation et dans la stupeur ; le deuil passa de Jérusalem aux nations, *Sed aliæ quoque nationes indignabantur de nece injusta tanti viri* (1) ; les rois eux-mêmes s'émurent sur leur trône et ils pleurèrent la Piété et la Vertu immolées dans une si illustre victime. *Contristatus.... animo Antiochus propter Oniam, lacrymas fudit* (2).

Est-ce la mort du grand-prêtre Onias, est-ce la mort de l'Archevêque de Paris

____

(1) II Mac. iv, 35. — (2) II Mac. iv, 37.

que je vous raconte, mes Frères? Qui de nous ne se reconnaît dans la douleur de Juda et dans le deuil de Jérusalem veuve de son Pontife? Lorsqu'il y a quarante jours éclata au milieu de nous la terrible nouvelle, qui ne se sentit atterré comme par un coup de tonnerre? La première annonce d'un si tragique événement nous trouva incrédules; et quand bientôt il ne fut plus permis de douter, nous crûmes être le jouet d'un rêve sinistre. Hélas! il n'était que trop vrai! Une noble et pure victime avait rougi de son sang l'un de nos plus vénérés sanctuaires. Ni la majesté de l'autel, ni la solennité des cérémonies saintes, ni la foi du peuple à genoux et en prières, ni la piété et la mansuétude du Pasteur, ni la justice inévitable des hommes et la justice mille fois plus redoutable de Dieu, rien n'avait pu arrêter une main parricide. «Un homme en qui tout a été indigne du sacerdoce, mais capable de l'affreux courage qui fait les grands criminels et dont le cœur ne sentait rien, excepté ce que sent la bête féroce (1), » avait frappé le coup qui a rempli d'horreur et de larmes Paris, la France et le monde entier. O jour lamentable, qui marquera désormais d'un lugubre anniversaire l'une de nos plus populaires solennités ! O fête de la patronne de Paris si soudainement et si douloureusement interrompue ! O Pontife, qui la veille encore receviez les souhaits de vos prêtres pour une année dont vous ne deviez pas voir finir le troisième jour ! Qui l'eût pensé, lorsqu'aux fêtes du Sauveur naissant, votre peuple se pressait dans la basilique pour contempler son Evêque, qui eût pensé que d'autres pompes vous ramèneraient sitôt dans cette enceinte et que vous ne reviendriez au milieu de nous que pour y être l'objet de ces tristes cérémonies où nous ne retrouvons plus que la moitié de vous-même et dont votre âme est absente ? O vanité de la vie ! ô surprise de la mort !

(1) *Nihil quidem habens dignum sacerdotio; animos vero crudelis tyranni et feræ belluæ iram gerens* (II Mac. IV, 25).

ô malice du cœur de l'homme qui conçoit de tels crimes ! ô profondeur des conseils de Dieu qui les permet !

Mais, ne suis-je dans cette chaire que pour réveiller la douleur publique, et ce discours n'aurait-il d'autre but que de faire couler des larmes nouvelles sur une tombe auguste ? Pleurons sans doute une mort si digne d'être pleurée ; mais instruisons-nous par les exemples d'une sainte vie. Celui que nous avons perdu était l'apôtre de nos âmes : rappelons devant les autels un apostolat dont nous fûmes les objets et les témoins, et, pour dernier hommage à notre Père, essayons de le faire revivre, par un simple mais fidèle récit, dans ses œuvres. Nous n'avons pas à chercher bien loin le texte de nos éloges : il s'offre naturellement à nous dans ces paroles de saint Paul, qui éclatent de toutes parts au milieu de ces décorations funèbres, dans ces paroles dont l'illustre défunt avait fait sa devise et qui résumaient

à ses yeux les devoirs, les merites et la gloire
des Pasteurs : « La plus excellente des vertus, c'est la charité. » *Major autem horum
est charitas.* Qu'est en effet l'Evêque dans
l'Eglise ? Saint Paul nous l'apprend : c'est
l'homme de la doctrine, du gouvernement
et des bonnes œuvres. Considérons notre
Archevêque dans ces fonctions diverses de
l'Episcopat et montrons que, toujours fidèle
à sa devise, il a été vraiment l'homme de
la charité, et dans la dispensation de la
doctrine et dans les soins du gouvernement et dans le ministère des bonnes
œuvres. Ce sera tout l'éloge de Révérendis-
sime et Illustrissime Père en Dieu, Monseigneur Marie–Dominique–Auguste Sibour,
Archevêque de Paris.

PREMIERE PARTIE.

C'est à l'Evêque qu'il a été dit par une
bouche divine et dans la personne des
Apôtres, dont il est le successeur : « Va et

enseigne, » *Euntes docete* (1). Aussi le premier précepte de saint Paul aux Pasteurs, c'est de veiller sur la doctrine, *Attende tibi et doctrinæ* (2); précepte rigoureux et dont l'oubli serait la ruine du troupeau et du pasteur lui-même, en sorte que l'Evêque doit s'appliquer avant tout la parole du même Apôtre : « Malheur à moi si je n'enseigne ; » *Væ enim mihi est si non evangelizavero* (3) ! Quelle mission peut moins se passer de la charité? Qu'est-ce qu'enseigner, sinon l'exercice du zèle? et qu'est le zèle lui-même, sinon la charité par excellence, celle qui s'adresse à ce qu'il y a de plus élevé en nous, à nos âmes? *Major autem horum est charitas.*

La Providence qui prédestinait Marie-Dominique-Auguste à cette haute mission, l'y prépara de loin par une éducation vraiment chrétienne, au sein d'une famille où les traditions de la foi étaient héréditaires ; famille vénérable, dont notre

(1) Matth. xxviii, 19.—(2) I Tim. iv, 16.—(3) I Cor. ix, 16.

Archevêque reçut un nom justement honoré, que lui-même devait illustrer plus
tard, semblable à un grand Evêque, à qui
saint Grégoire de Nazianze a donné cet
éloge, que « si les autres tirent la gloire
de leurs aïeux, c'est l'honneur de Basile
de l'avoir donnée aux siens (1). »

Ne vous étonnez pas, mes Frères, que
les premières années de l'enfance à peine
écoulées, comme un autre Samuel, il
quitte ses proches pour n'appartenir qu'au
sanctuaire. Une vie, où je ne rencontre
que les grâces du ciel et l'innocence, et
que la science seule put partager avec la
piété, l'avait disposé à entendre la voix qui
appelle l'apôtre : «Viens et suis moi,» *Veni,
sequere me* (2). Vous le montrerai-je dans
les séminaires ou dans les paroisses de cette
Capitale, qui eut les prémices, qui aura
encore les derniers travaux de son minis-

____

(1) *Si aliis magnum est aliquid a majoribus ad gloriam
accepisse, majus profecto ipsi est majoribus suis aliquid ex
se adjecisse* (S. Greg. Naz., *Or.* xx).

(2) Matth. xix, 21.

tère ; ou bien le suivrai-je avec vous dans
le diocèse de Nismes, dont l'Evêque (1)
qui connaît sa vertu et pressent ses destinées, lui ouvre le sénat de son église ?
Que ne durent pas nos provinces du Midi à
son zèle ? Les villes et les campagnes
retentirent tour à tour de sa parole, que la
cour elle-même voulut entendre. L'Eglise
de Nismes, qu'un deuil commun associe
à nos larmes, n'a point oublié les dévouements et les soins de son pieux chanoine, tantôt prédicateur de l'Evangile
dans ses chaires les plus renommées,
tantôt missionnaire du peuple dans les
hameaux, tantôt humble catéchiste bé-
gayant les paroles de la foi avec l'enfance,
tantôt apologiste éloquent ramenant nos
frères séparés qu'il éclaire de sa doctrine,
qu'il charme surtout de sa douceur et de
sa charité, toujours emportant les bénédictions des peuples renouvelés et la

____

(1) Mgr de Chaffoy.

reconnaissance de la Religion qui lui doit de nouveaux triomphes.

Le choix de Dieu vint le chercher au milieu de ces travaux apostoliques. L'Evêque de Digne, Monseigneur Miollis, que je ne puis mieux louer que par les paroles de son successeur, avait abdiqué entre les mains du Vicaire de Jésus-Christ la charge pastorale que ses années, mais non son zèle, ne pouvaient plus porter; homme vraiment évangélique, dont la foi, la simplicité, la bienfaisance, la vie austère et pénitente ont fait revivre dans ce siècle les Evêques de l'Eglise primitive. La succession du saint Pontife échut à Marie-Dominique-Auguste : si vous désirez savoir dans quel esprit il l'accepta, rappelez-vous sa devise d'où je prends tout son éloge, digne, certes, d'être la devise d'un Evêque, puisqu'elle fut celle du Prince des pasteurs, de Jésus-Christ l'auteur, l'apôtre, la victime de la charité. *Major autem horum est charitas.* On connut bien quel esprit il avait

reçu avec l'onction sainte, lorsqu'à peine
au milieu de son peuple, on le vit inau-
gurer son ministère par les devoirs les
plus laborieux de l'Episcopat. Ecoutez ce
que le Seigneur dit aux Evêques par la
bouche du Prophète : « Voici que j'irai à
la recherche de mes brebis, et que je les
visiterai comme le pasteur visite son troupeau (1). Je ramènerai ce qui s'est égaré,
je relèverai ce qui est à terre, je confir-
merai ce qui est faible, je garderai ce qui
est fort (2).» L'Evêque de Digne a entendu
cette parole divine, et il obéit. Il est vrai
que son diocèse, situé au pied des montagnes, semble opposer d'insurmontables
obstacles : mais la charité « que les fleuves
ne peuvent arrêter (3), » ne se déconcertera
point devant les rochers, et les précipices,
et les forêts dont les sentiers ne sont connus

____

(1) *Sicut visitat Pastor gregem suum... sic visitabo oves
meas* (Ezech. XXXIV, 12).

(2) *Quod perierat requiram; et quod abjectum erat redu-
cam... et quod infirmum fuerat consolidabo ; et quod pingue,
et forte custodiam* (Ezech. XXXIV, 16).

(3) *Nec flumina obruent illam* (Cant. VIII, 7.)

que des pâtres et des bêtes sauvages. Ecoutez-le s'adresser à ses prêtres ; c'est son cœur que vous allez entendre dans ses paroles.. « Nous voilà prêt, dit-il, à courir où notre cœur nous a devancé. Nous voulons pénétrer dans les lieux les plus écartés, franchir les pas les plus difficiles, gravir avec vous les montagnes pour aller trouver les fidèles dans leurs foyers et leur apporter avec les paroles de la foi les bénédictions du ciel (1). » Les œuvres ont répondu à de si beaux sentiments. Quelle est la peuplade si bien cachée parmi les vieilles forêts que son zèle n'ait devinée ? Quel est le hameau si perdu au milieu des précipices dont il n'ait trouvé le chemin ? Quel est le presbytère si écarté qui ne l'ait reçu, le temple si inaccessible auquel il n'ait montré son pontife ? Montagnes qui gardez encore les traces de ses pas, hameaux pleins de sa voix et de son image, peuples, simples

(1) Mandement de Mgr Sibour, Évêque de Digne, pour la visite pastorale de son diocèse.

comme vos champs, qui vous souvenez toujours de l'Evêque qui vous avait donné son
cœur, ah! que n'est-il demeuré au milieu de
vous! Il eût continué de «passer,» comme
le Maître, «en faisant le bien (1);» vous
jouiriez des vertus, du zèle, de la charité
d'un si bon Père; et Paris n'aurait pas
à pleurer sur sa tombe sanglante; et la
France, et l'Humanité... Mais que dis-je?
l'enfer eût frappé le même coup sur un
autre cœur: l'Eglise de Paris aurait les
mêmes larmes, la France le même deuil,
l'Humanité la même douleur et le même
opprobre. Laissons la Providence à ses
desseins et notre Evêque à ses destinées.

Ces courses apostoliques ne faisaient
qu'animer, en la consolant, la charité
de l'Evêque de Digne. La pensée de ses
peuples et de leurs besoins spirituels le
suivait loin d'eux; ne pouvant les évangé-
liser tous et toujours par lui-même, il s'ef-
forçait de se multiplier par de pieux mis—

____

(1) Act. x, 38.

sionnaires, ses suppléants et ses aides dans la dispensation de la doctrine. Il jugeait leur œuvre si nécessaire qu'il imposa à tous les pasteurs l'obligation d'une mission de trois ans en trois ans dans leurs paroisses : heureuse tradition des plus saints pontifes, en particulier de saint Charles Borrhomée et de saint François de Sales; institution féconde qui, proportionnant les secours aux besoins, donne à chaque partie du troupeau son évangéliste et son apôtre, et qui suffit tout ensemble au renouvellement et à la conservation de la foi dans un diocèse. Que ne méditait pas le zélé pasteur, pour le bien de son église (1)? Mais, la voix du Ciel se fit entendre de nouveau et lui dit, comme autrefois au Prophète : « Lève-toi, et va dans la grande Cité lui porter la parole que je mettrai sur tes lèvres. » *Surge et vade in ...... civitatem magnam et prædica in ea prædicationem quam ego loquor ad te* (2).

____

(1) Voyez à la fin du discours la note I. — (2) Jon. iii, 2.

Cette cité, c'était Paris ; cité glorieuse, mais étrange ; métropole du talent, de la science et des arts ; rivale d'Athènes par le génie, de Rome antique par la grandeur du peuple dont elle est la tête ; Paris, la ville du plaisir et du sacrifice, des passions élégantes et des généreux dévouements ; ayant des foules pour le théâtre, en trouvant encore pour le temple ; donnant à tout maître des disciples, soit pour l'erreur soit pour la vérité ; centre aimable et funeste d'où part tout ce qui éclaire, égare, corrompt, renouvelle, enchante ou remue le monde ; qu'on ne peut ni bénir sans qu'on n'oppose ses vices, ni maudire sans qu'on n'oppose ses vertus ; tour à tour, l'effroi ou l'espoir, et toujours la surprise de l'Europe qui peut la craindre, mais qui ne peut s'en passer ; du reste, pour le bien, pour le mal, pour le vrai, pour le faux, possédant de telles ressources d'intelligence, de volonté, d'énergie, d'enthousiasme, de prosélytisme, qu'on est tenté de s'écrier, en commentant le mot célèbre de

Bacon : « Étant ce que tu es, que n'es-tu tout
entière à Dieu et à la vérité ! » C'est à cette
illustre mais redoutable mission d'évangé-
liser Paris que Dieu appelle son serviteur :
Dominique-Auguste s'y dévoue, se con-
fiant dans le ciel et dans sa devise qu'il
porte gravée au fond du cœur, la charité.
Major autem horum est charitas.

Le voyez-vous, venu d'hier au milieu
de nous et déjà auprès de la portion la plus
humble mais la plus chère de son troupeau,
auprès de ses ouvriers et de ses pauvres,
impatient de les connaître et d'en être
connu ? Vainement on lui a dit qu'il y a
au sein de cette Capitale tout un peuple
insouciant de Dieu et de l'avenir qu'il
oublie dans le travail ou la misère ; ne
connaissant l'Église que pour en recevoir,
à sa naissance, le signe d'un christianisme
qu'il abjure par ses œuvres ; à sa mort, une
prière impuissante qui ne le réconcilie
point avec le ciel ; désaccoutumé de la
soumission et même du respect ; enfin, ne
haïssant rien davantage que ce qui lui rap-

pelle son âme et la destinée. On le lui a dit, sa charité n'y croit pas; elle y croirait, qu'elle n'en serait que plus ardente à l'apostolat et aux dévouements. Le voici à pied, sans cortége que deux de ses grands vicaires, sans éclat que celui de sa robe épiscopale, se mêlant, au faubourg Saint-Antoine, à la foule étonnée d'abord, charmée bientôt de posséder son Archevêque. Il vient, ô la noble et généreuse pensée! il vient consacrer son nouveau ministère en visitant les lieux où son prédécesseur accomplit son glorieux sacrifice. Au spectacle inattendu d'un Archevêque pèlerin de la charité et du martyre, toutes les âmes sont émues, et une bénédiction unanime s'échappe de toutes les lèvres. Que dit cependant le saint pasteur à son peuple? «Mes enfants, s'écrie-t-il, je suis au-dessous de lui par le talent et par la science : je ne lui cède point par le cœur. Je ne souhaite pas de vous donner mon sang, ce serait vous souhaiter de nouveaux malheurs : je vous donnerai ma vie dans les fatigues de la charité (1). » Il tint parole à son peuple et à lui-même. Les jours suivants, on le vit parcourir les paroisses les plus pauvres de la Cité, tantôt dans le temple, tantôt dans les ateliers, toujours annonçant le royaume de Dieu à la multitude. Le soleil levant commençait ce pénible apostolat ; le soleil couchant le finissait à peine. Le corps était brisé ; mais l'âme était contente. L'Evêque s'endormait dans les images du zèle et de la charité, de ces ouvriers qu'il avait bénis, de ces pauvres qu'il avait consolés, de tous ces petits et de tous ces humbles qu'il avait évangélisés. Laborieuse mais bien douce mission qui trouvait dans l'empressement, la reconnaissance, l'enthousiasme des foules, sa récompense de la terre en attendant le Ciel et l'Eternité.

Il est une autre portion du troupeau qui dispute aux petits et aux pauvres les préférences du zèle. Si l'Evêque doit la doctrine

____

(1) Daniélo, *Visites pastorales de Mgr Sibour*, ch. II.

à tous, ne la doit-il pas avant tous à la jeunesse, espoir de la société dont elle re-
commence la vie et de l'Église dont elle
porte en soi les destinées. Qui veilla avec
plus de sollicitude que notre Archevêque
sur la foi des générations naissantes?
Toutes les classes lui doivent quelque institution pour l'enfance, monument d'un
zèle qui lui survit. Nous disons tout en
nommant ces écoles populaires, fondées
avec le concours des pasteurs dans les paroisses, qui donnent des principes, et des
croyances à d'innombrables enfants, et
cette école des Carmes, maison célèbre
par les souvenirs du martyre, chère à deux
Pontifes qui y mirent leur cœur et digne
de tous les deux par les services qu'elle a
rendus et par ceux qu'elle promet encore
aux familles, à la science et à la religion.
Ne craignez pas que ces créations épuisent
sa charité : père de tous, il embrasse du
même intérêt et des mêmes soins toutes
les écoles de son diocèse. La reconnaissance de la jeunesse lui a rendu un écla-

tant hommage sur sa tombe par la voix du plus ancien et du plus célèbre collége de cette Capitale (1) : il l'a mérité par les dévouements de sa vie. Convaincu avec Leibnitz que le secret de la réforme des sociétés est dans l'éducation, et que le secret de l'éducation est de faire à l'enfant une âme chrétienne, il ne perdit jamais de vue ce grand objet. Il ne mettait rien au-dessus de ce ministère si délicat mais si utile du prêtre sur de jeunes âmes pour les initier à l'Evangile. Ce sont les sentiments de tous les hommes apostoliques ; ils s'estiment plus heureux et plus honorés, comme dit saint Jérôme, de former un enfant pour Jésus-Christ et pour le ciel, que ne le fut ce philosophe de former le grand Alexandre pour la gloire et pour l'empire (2). Aussi sa vigilance pastorale, divisée par tant et de si graves intérêts, sem-

(1) Le collége Louis-le-Grand : Lettre des Élèves de Rhétorique à Mgr l'Évêque de Tripoli, à l'occasion de la mort de l'Archevêque de Paris.

(2) Hieron. *Ep. ad Lœtam.*

blait les oublier tous pour celui-ci. Il suivait avec l'inquiétude d'une sainte tendresse
l'enseignement religieux de nos colléges.
Lui-même, il en réglait les leçons ; il en
préparait, en les encourageant, les succès.
Il aimait à se trouver au milieu de ces enfants pour les bénir, et, comme le grand
Apôtre, à se faire l'un d'eux. *Facti sumus
parvuli in medio vestrum* (1). A l'affection
dont ils étaient l'objet on eût dit qu'il n'a-
vait pas d'autre famille spirituelle et qu'il
n'était Evêque que pour eux.

Qu'ajouterai-je, mes Frères ? l'Archevêque de Paris n'ignorait pas que les premiers Pasteurs sont redevables à tous, « à
ceux qui savent comme à ceux qui ne savent
pas, » *Sapientibus et insipientibus debitor
sum* (2). Que n'a-t-il pas fait pour les classes
lettrées et savantes? Pour elles il appela
chaque année, dans cette chaire de Notre-
Dame, les orateurs qui en ont fait la chaire
même de l'éloquence chrétienne. Pour

____

(1) I Thess. ii, 7. — (2) Rom. i, 14.

elles il établit dans le temple de la Patronne de Paris, ce collége sacerdotal (1), qui ne s'ouvre qu'au talent et où le talent ne se forme que pour les triomphes de l'Evangile. Pour elles il fonda cette Fête des Ecoles qui fait revivre dans leur éloge nos Docteurs immortels. Il y conviait lui-même les maîtres de la science et leurs disciples ; non, certes, pour un vain spectacle de la parole, mais pour les attacher, ne fût-ce que par l'admiration, à une doctrine qui élève si haut le génie de l'homme. Il estimait avec raison qu'il y a, dans ces souvenirs du talent et de la sainteté au service de la foi, une vertu divine pour remuer les âmes, et que c'est une partie de la récompense de ces grands hommes de vaincre encore au delà de la tombe et de gagner, tout morts qu'ils sont, des batailles à la Vérité. Pourquoi ne le dirions-nous pas? L'Archevêque de Paris avait une ambition dont nous sommes fiers pour sa

_____

(1) Les Chapelains de Sainte-Geneviève.

mémoire. Sous les auspices de ces grands noms, il rêvait d'unir la science et la foi au pied des autels. C'était un rêve, dira-t-on. Ah! mes Frères, quand on a l'honneur d'être le représentant de la Vérité sur un siége si illustre, il est beau de rêver pour elle de telles victoires et surtout d'y dévouer sa vie. Ne fît-on que mettre les hommes en présence de cette Souveraine des esprits, c'en serait assez pour se promettre tout de sa puissance. La Vérité est comme le soleil : qui s'approche d'elle, il faut qu'il en ressente la lumière et la chaleur. Louons l'Archevêque de Paris d'avoir cru à la force comme aux droits de la divine Vérité. Louons-le d'avoir rapproché dans le temple les maîtres de la science et les maîtres de la foi pour les unir tous sous le joug bien-heureux de celui qui est le Dieu de tous, de Jésus-Christ. Aussi bien, ni la Société ne peut se passer de la Religion ni la Religion de la Société : l'une n'aurait qu'à s'enve-lopper dans son linceul et à descendre dans sa tombe; l'autre, qu'à secouer ses sandales sur des ruines et à remonter aux cieux. Plus que les autres, ce grand Empire, « qui a été fait par les Evêques, » comme l'a dit un incroyant célèbre (1), a retenu de son origine et du baptême reçu dans Clovis un instinct de foi qui appellera toujours l'Evangile et l'Eglise. Unissons-nous donc et comme disait ce saint Roi à de saints Evêques, «donnons-nous la main,» *Jungamus dexteras* (2). N'ayons plus d'ennemis que l'erreur qui divise ou l'ignorance qui dégrade ; et désormais sous un seul drapeau, celui du Christ, ne connaissons plus qu'une rivalité digne de nous, à qui fera plus de bien aux hommes et plus de conquêtes à la vérité.

DEUXIÈME PARTIE.

L'Evêque n'est pas seulement l'homme de la doctrine ; il est encore l'homme du

(1) Gibbon, *Histoire de la décadence de l'Empire romain.*
(2) Eadg., *Orat. ad cler.*, tom. **IX**, concil.

gouvernement. Tous les siècles chrétiens
l'ont reconnu, et leur obéissance a rendu
hommage à cet oracle de saint Paul que
l'Esprit-Saint « a établi les Evêques pour
régir l'Eglise de Dieu. » *Spiritus sanctus
posuit Episcopos regere Ecclesiam Dei* (1).

Quel est, mes Frères, l'esprit de ce gouvernement? la charité. Le fils de Dieu
nous l'enseigne : la domination appartient
aux puissances séculières; la puissance
ecclésiastique ne sait pas dominer, mais
servir. *Reges gentium dominantur eorum.
Vos autem non sic* (2). Il l'a bien prouvé
par son exemple, puisqu'il a été le serviteur de nos âmes jusqu'à se déposséder de
soi pour leur appartenir tout entier. *Ego
autem in medio vestrum sicut qui minis-
trat* (3). Merveilleuse constitution de l'E-
glise! L'Esprit-Saint, l'esprit d'amour, est
le lien de la société chrétienne, et en y
établissant une subordination divine qui
met l'autorité aux mains de quelques-uns

(1) Act. xx, 28. — (2) Luc. xxii, 25, 26. — (3) Luc. xxii, 27.

et impose la soumission à tous, il anime de la même inspiration et ceux qui commandent et ceux qui obéissent ; en sorte, dit Bossuet (1), que « c'est la même charité qui commande dans les pasteurs et qui obéit dans les peuples. »

Ainsi notre Archevêque comprenait-il la puissance spirituelle ; ainsi l'a-t-il exercée, et toujours dans l'esprit de sa noble devise : *Major autem horum est charitas.* Son cœur le disposait naturellement à cette charité qui est la grâce propre du ministère pastoral. De saints Evêques, qui vécurent dans son intimité, lui ont donné avec leurs larmes ce témoignage, qu'il était le meilleur et le plus doux des hommes, également incapable de ressentir la haine et de l'inspirer (2). O vous, dirai-je ses coopérateurs ou ses amis ! qui l'aidiez à porter le poids du gouvernement, dites-nous ce

(1) Bossuet, *Panégyrique de saint Paul.*

(2) Lettres de NN. SS. d'Orléans, de Nantes, de Digne, de Viviers à l'occasion de la mort de Mgr l'Archevêque de Paris. (Voyez à la fin du discours la note II.)

que vous avez vu dans ce commerce jour-
nalier avec le premier Pasteur. Qui avez-
vous trouvé plus affable? Qui, dans une si
haute dignité, sut mieux retenir la simplicité qui efface la puissance, et, dans le supérieur, ne laisse voir que l'ami ou le père?
Qui garda parmi les affaires et dans un si
long usage de l'autorité, un cœur plus sen-
sible? Qui résista, comme lui, à cette ten-
tation si délicate et qui est l'écueil des
grands, de mépriser les hommes pour les
connaître trop bien avec leurs ingratitudes,
leurs inconstances et leurs affections également vaines, soit qu'ils donnent leur cœur
soit qu'ils le refusent? Le trait distinctif
de son caractère c'était la bonté; la bonté,
le premier des mérites naturels qui sup-
plée tous les autres et n'est suppléé par
aucun; la bonté, la première chose que
Dieu « ait mise en nos entrailles, dit Bossuet, comme la marque de cette nature
bienfaisante dont nous sortons et le premier attrait que nous ayons en nous-mêmes

pour gagner les hommes (1). » Loin de Dominique-Auguste, ces hauteurs, ces fier-
tés, ces dédains d'une âme que sa fortune enivre d'elle-même, doublement
fatales et à la puissance qui devient odieuse
et aux puissants qui trouvent leur punition
dans leur orgueil même, privés qu'ils sont
de la plus douce joie de la société humaine,
celle d'être aimés. Il avait cette heureuse
faiblesse dont on ne peut trop louer ceux
qui commandent, le besoin de posséder
les cœurs et de donner le sien. Il avait
appris du saint Archevêque de Milan,
saint Ambroise, qu'à ne consulter que l'intérêt personnel, il n'y en a pas de mieux
entendu que de captiver l'affection, laquelle
sert tout à la fois le supérieur et l'infé-
rieur qui ont moins de peine, l'un, à rendre
l'obéissance, et l'autre à l'obtenir (2).
La bonté, ajoute le saint docteur, « est po-
pulaire et aimée de tous. » *Popularis et*

____

(1) Bossuet, *Oraison funèbre du grand Condé.*
(2) S. Amb., *De offic.*, lib. II.

grata est omnibus bonitas (1). Dominique-Auguste en fit l'expérience. Tous l'ont aimé, et les regrets unanimes qui l'honorent dans sa tombe attestent au monde que ses enfants l'avaient compris, et que l'amour du troupeau répondait à celui du pasteur. Hélas! cette bonté qui attirait les indifférents, qui subjuguait, non pas ses ennemis, il n'en eut jamais, mais ses adversaires; qui lui valut, dans tous les rangs des amitiés fidèles, n'a pu le défendre contre l'aveugle emportement du crime. Ce cœur si compatissant, si tendre, et qui l'eût été à son meurtrier, a été percé par un poignard sacrilége. Le bon Pasteur est tombé sous les coups d'une main consacrée pour d'autres immolations et pour un autre sacrifice; et sa mort, qui eût fait couler tant de larmes si les années seules en avaient amené l'heure inévitable, nous laisse doublement inconsolables, et de le perdre sitôt, et de le perdre par un parri-

____

(1) S. Ambr., *De offic.*, lib. II.

cide. Qu'est-ce donc que l'homme, ô mon Dieu? comment se peut-il que ce qui est sorti de vos mains, soit capable d'une malice si noire, et que votre créature vienne à bout d'étouffer ce que vous avez mis de tendresse en nos entrailles, au point de se faire, sans motifs, le bourreau du meilleur des pères ? Ou plutôt, quelle est donc la puissance du génie du mal, qu'il obtienne d'un cœur d'homme des forfaits si exécrables, qui ne sont pas de notre nature et qui ne devraient appartenir qu'à l'enfer ?

La charité, dont les premiers Pasteurs reçoivent l'effusion avec l'onction épiscopale, avait élevé encore et perfectionné dans notre Archevêque la bonté naturelle du cœur. Chrétiens, il ne faut pas moins aux « Anges des Eglises (1). » Car s'il est une charge qui demande tous les dévouements de la nature et de la grâce, n'est-ce pas la charge de l'Evêque ? Ah ! les apparences

______

(1) Ap. ii, 26.

nous font illusion, et l'éclat extérieur des choses nous cache la réalité intime. Nous voyons ce que Dieu a mis de sa majesté et de sa puissance dans le ministre; nous ne savons pas voir ce qu'il lui a plu de mettre de sollicitudes, d'épreuves, de croix pesantes et sans nombre dans le ministère.

Etre à tous dans l'Eglise, et être encore à chacun comme si l'on existait pour un seul; avoir le cœur aussi grand que sa mission, et y trouver assez de force pour soutenir tout ce qui est faible, de courage pour relever tout ce qui est abattu, de tendresse pour souffrir avec qui souffre, et en quelque sorte tomber avec qui tombe; rassembler en soi tous les extrêmes, l'autorité pour que les peuples ne soient pas sans conduite et la dépendance pour que le chef ne cesse pas d'être serviteur, la rigueur inflexible contre l'erreur et le péché, et la compassion maternelle pour les errants et les pécheurs, la fermeté qui mourrait plutôt que de trahir les âmes, et l'humble condescendance qui se laisse dépouiller,

prête à «céder la tunique à qui demande le
manteau (1); » se refuser aux douceurs les
plus innocentes de la vie, aux loisirs, à l'in-
dépendance, à l'obscurité où l'on jouit de
soi-même, à tout, excepté au travail et au
sacrifice; ne rencontrer dans l'élévation et
la puissance, avec un cœur plus vide, que
les périls d'une conscience plus exposée et
avec le poids de son âme, porter encore
devant Dieu le poids de tout un peuple qui
se personnifie dans le pasteur; quoi plus,
se résigner à la haine de tout ce qui hait
Dieu, et après avoir souffert des ennemis,
souffrir encore des enfants, trop souvent
être accusé pour le bien qu'on a fait, être
moins aimé parce qu'on aime trop, ne se
voir compris que de Dieu seul, et ne recevoir
des hommes, quand on leur a tout donné,
qu'une justice tardive pour sa mémoire
et sur sa tombe; enfin, dans une dignité
surhumaine, ne vivre que pour la lutte,
pour l'immolation et sur la croix, et n'at—

______

(1) Luc. vi, 29.

tendre la consolation, et surtout le repos, que du ciel et de l'éternité ; Chrétiens, voilà les épreuves, mais aussi voilà les grandeurs de l'Episcopat ! car n'est-ce pas sa gloire d'être l'état même de la charité ?

Dominique-Auguste les a connues ces épreuves du gouvernement ecclésiastique : il ne s'est donné qu'avec plus de dévouement aux trois grands objets de la charité d'un Evêque, à son peuple, à ses prêtres, à l'Eglise.

Quel Pasteur s'est plus oublié lui-même pour n'appartenir qu'à son peuple ? « Vous avez la supériorité, » disait saint Bernard à un saint Pape, et dans sa personne à tous les Evêques : *Præes et singulariter.* « Est-ce pour que vos inférieurs servent à votre élé-vation ? Non, c'est pour servir vous-même à la leur : » *Numquid ut de subditis crescas? Nequaquam, sed ut ipsi de te* (1). Les deux Eglises auxquelles Dieu a donné notre Ar-chevêque l'ont trouvé constamment fidèle

____

(1) S. Bern , *De consid.*, lib. III, c. 3.

à ce conseil de saint Bernard. Dès qu'il s'est vu Pasteur, il n'a plus été à lui-même, et il n'a su que « se dépenser pour les âmes (1). » La charité l'avait tellement identifié avec son peuple qu'il semblait ne penser, ne vouloir, n'agir et ne vivre que pour lui. Pendant ces courts intervalles que les saints Canons accordent à l'Evêque rigoureusement lié par la loi de la résidence, les soins du troupeau le suivaient jusque sous le ciel natal, et dans la retraite où il venait ranimer des forces épuisées. Il nous donnait sans réserve ces loisirs où il eût dû se retrouver lui-même, et après les travaux d'une année entière, son repos était de préparer les œuvres de l'année nouvelle. Vous nous l'avez attesté, Prélat vénérable (2), le Timothée de cet autre Paul, si près de lui par le sang, plus près encore par le cœur, et qui avez mis avec lui la meilleure partie de vous-même dans la tombe ! Vous

---

(1) *Superimpendar pro animabus vestris.* (II Cor. XII, 15.)
(2) Mgr l'Évêque de Tripoli.

étiez le confident de sa charité; et jusque dans votre mortelle douleur, c'est votre consolation de nous redire ces projets dont vous deviez être le coopérateur, et qui associent votre nom à sa mémoire dans la reconnaissance d'une grande Eglise. Ainsi les préoccupations du zèle ne le quittaient pas un seul jour. De même que le grand Apôtre embrassait de sa sollicitude toutes les Eglises, le pieux Archevêque embrassait de la sienne toutes les paroisses de son diocèse ; *Instantia mea quotidiana, sollicitudo omnium Ecclesiarum* (1) : en sorte que je puis bien dire de lui, en lui appliquant une parole célèbre de saint Chrysostôme, qu'il résumait en soi son Eglise, et qu'il vivait dans chacun de ses membres comme s'il eût été lui seul cette Eglise tout entière : *Tanquam ipse universa... Ecclesia esset* (2).

Elles resteront l'éternel monument de cette sollicitude, ces paroisses nouvelles dont son zèle a doté Paris. Quelle ne fut

(1) II Cor. xi, 28.
(2) S. Chrys., *Hom.* xxv, *in Ep.* ii, *ad Cor.*

pas son affliction, en venant au milieu de
nous, de penser que tant d'âmes, qui lui
étaient données d'en haut, demandaient
vainement des pasteurs, et qu'au centre de
la civilisation comme sur les terres infidèles il n'y avait pour « des moissons abon-
dantes que de rares ouvriers (1)? » Nuit et
jour il se représentait les nécessités spiri-
tuelles de tout un peuple dans l'abandon ;
il croyait le voir sans temple, «sans Christ,
sans Dieu (2), » implorant du Ciel l'autel
pour prier, la chaire pour s'instruire, le
tribunal pour se réconcilier et criant à
son Evêque comme ce paralytique de
l'Evangile au Sauveur du monde : *Homi-
nem non habeo* (3). A ces images déso-
lantes son cœur se déchirait, et se souvenant du précepte de Jésus-Christ aux
Apôtres, il suppliait « le maître de la mois-
son d'envoyer des ouvriers à son champ (4).»
L'action accompagnait la prière. Chaque
année, aidé du concours généreux des

____

(1) Matth. ix, 37. — (2) Eph. ii, 12. — (3) Joan. v, 7. —
(4) Matth. ix, 38.

pouvoirs publics, au prix de mille sacrifices
dont Dieu a le secret, il accroissait de quelque établissement nouveau les paroisses
de la capitale. Bénissez votre Archevêque,
peuple qui lui devez une création si heureuse ! En vous donnant un temple et des
pasteurs, il vous a donné dans la paroisse,
la véritable patrie de votre âme. Et vous,
croissez toujours, saintes créations de sa
charité pastorale ! Croissez pour la gloire
de Jésus-Christ, pour les mérites du Pontife, pour la consolation et pour le salut du
troupeau !

Quel pensez-vous que sera pour ses
prêtres celui qui était si dévoué à tous ? Sa
foi lui montrait dans le prêtre le fils spiri-
tuel de l'Evêque, qu'il s'est donné à lui-
même et à l'Eglise par la vertu qui est en
lui : il l'aimait comme l'enfant, non de ses
entrailles mais de son âme. Que dis-je ? il
l'aimait comme un autre lui-même, se
souvenant que c'est par nous que l'Evêque
se multiplie pour la parole et pour l'action,
et que dans cette diversité des fonctions

ecclésiastiques, l'apostolat demeurant toujours un, quoique les apôtres soient plusieurs, dans le prêtre il n'y a que l'Evêque,
comme dans le prêtre et dans l'Evêque il
n'y a que Jésus-Christ qui baptise, qui enseigne, qui absout, qui consacre. *Petrus
baptizet, hic est qui baptizat; Paulus baptizet, hic est qui baptizat* (1). Nul ne fut
plus éloigné que lui de cet esprit de
« domination » réprouvé par le prince des
Apôtres (2). Il était au-dessus de nous par
l'éminence du caractère et du pouvoir ; selon le conseil du Saint-Esprit, il se faisait
« l'un de nous » par les condescendances
de sa charité (3). Son cœur était tout entier
à son clergé, et en se donnant à ses prêtres
il ne faisait que se donner d'une façon nouvelle à son troupeau, c'est-à-dire aux âmes
pour qui seules le prêtre existe. Que ne lui
a point inspiré sa tendresse pour nous?

(1) S. Aug., *Tract.* IV, *in Joan.*, nº 7.

(2) *Neque ut dominantes in cleris.* (I Petr. v, 3.)

(3) *Rectorem te posuerunt? noli extolli; esto in illis quasi
unus ex ipsis.* (Eccli. XXXII, 1.)

Quels soins pour assurer la perpétuité du
ministère dans les paroisses en assurant
celle des générations cléricales dans les
séminaires ! Quelle vigilance pour conser-
ver, développer dans les derniers venus
du sacerdoce la science ecclésiastique,
sans laquelle la prédication n'éclaire point,
la direction égare, l'apostolat demeure
stérile et méprisé ! Quelles heureuses in-
dustries pour rapprocher ce que séparent
l'éloignement des lieux et les occupations
d'un ministère sans loisirs ; pour réunir les
membres aux membres, et tous à leur
chef dans ces conférences du Cas moral,
sorte de synode où quatre fois l'année
nous venions sous ses yeux nous renouveler dans le double esprit du sacerdoce,
l'esprit de sagesse pour conduire les autres,
l'esprit de piété pour nous sanctifier
nous-même ! Qui exerça avec une bonté
plus délicate le droit que l'ordination
donne à l'Evêque de disposer du prêtre
selon les besoins des âmes, et sut accorder
dans une plus juste mesure le zèle pour le

ministère et les égards pour le ministre ?
Qui vit-on user avec plus de modération
du pouvoir redoutable de juger et de punir,
et dans le tribunal ecclésiastique environ-
ner de plus de garanties la justice et se défendre par plus de précautions contre le
péril d'une sentence arbitraire, grandis-
sant ainsi l'autorité en semblant la res-
treindre, puisqu'il n'y a rien, dit Bossuet
après saint Bernard, «qui convienne mieux
à la puissance que la règle (1) ? » Enfin, en
qui trouvâmes-nous plus de « bienveillance » ou « de patience (2) » dans la charité, soit que nous eussions à lui rendre
compte de nos travaux ou à lui confier nos
épreuves, s'associant à nos succès pour les
bénir, compatissant à nos peines pour les
consoler ? Vous n'êtes plus, ô Pontife qui
nous représentiez si bien ce Pontife ado-
« rable, l'Evêque de nos âmes (3)» ; vous

---

(1) Bossuet, *Discours sur l'unité de l'Église*, 2ᵉ p.
(2) *Charitas patiens est, benigna est* (I Cor. XIII, 4).
(3) *Pastorem et Episcopum animarum vestrarum.* (I Petr. II, 25.)

n'êtes plus, et c'est au milieu de vos prêtres impuissants à vous couvrir et entre leurs bras que le crime vous a frappé! Mais que dis-je? la charité est plus forte que le crime et que la mort. L'affection de vos prêtres, que vous avez tant aimés, vous ranime dans votre tombe et vous fait une seconde et immortelle vie. Oui, vous vivez, ô Père! vous vivrez toujours dans nos cœurs, avec votre douceur, avec votre charité, avec toutes vos vertus, hier vos mérites sur la terre, aujourd'hui votre couronne dans le ciel! Il viendra bientôt recueillir votre héritage, ce Pontife (1) qui, lui aussi, fait louer sa charité dans toutes les Eglises; digne successeur de saint Martin, et qui a dit comme lui : « Seigneur, si je suis nécessaire à votre peuple, je ne refuse pas le travail (2); » non moins digne successeur de saint Denys, apportant tout à cette Eglise qu'il va

______

(1) S. E. le Cardinal Morlot, Archevêque de Tours, Archevêque nommé de Paris.

(2) *Domine, si adhuc populo tuo sum necessarius, non recuso laborem.* (Brev. Rom.)

illustrer de sa pourpre, et n'en recevant que le sacrifice et des âmes. Ah! sa bonté, sa douceur, ses vertus nous rappelleront votre image. Nous confondrons, dans un hommage commun, le père que nous avons perdu et le père que le ciel nous envoie; et honorant votre dévouement dans le sien, nous dirons à la louange de tous deux : C'est ainsi que Dominique–Auguste nous aimait!

Que dirons–nous de son attachement à l'Eglise? C'est le devoir du fidèle; combien plus de l'Evêque? Dieu, « devant qui je parle (1), » sait tout ce qu'il y eut d'amour pour son Eglise dans ce cœur vraiment catholique. Il tenait par les entrailles à « cette chaire Principale (2), » où Pierre vit toujours dans ses successeurs, où est « la tête du gouvernement Pastoral (3), en laquelle seule se garde l'unité (4), et les Evêques n'ont qu'une seule et même

(1) II Cor. xii, 19. — (2) S. Iræn. — (3) S. Prosper. — (4) S. Opt. Milev.

chaire (1). » Nos premiers Pasteurs se font gloire de ce filial attachement. L'Eglise Gallicane est heureuse d'en perpétuer la tradition sur tous ses siéges, « et d'être unie par une affection plus singulière à cette maîtresse de toutes les Eglises qui nous a engendrés en Jésus-Christ par son ministère », comme le disait un grand Archevêque de Reims, il y a dix siècles (2). Dominique-Auguste avait puisé ces sentiments à Rome même, dans la grâce de son ordination, et il les garda inviolables jusqu'à la mort. Les souverains Pontifes ont connu son dévouement, et nous-même nous en avons entendu l'éloge sur les lèvres augustes de Grégoire XVI. Le Pontife qui fait aujourd'hui la gloire de l'Eglise, Pie IX, l'honora de la même estime. Il l'a prouvé à tous par son affectueux accueil dans des circonstances mémorables, lorsque notre Archevêque vint assister au triomphe de la Mère de Dieu, et voir celui

______

(1) Bossuet, *Discours sur l'unité de l'Église.*
(2) Hincmar., *De divort. Loth. et Teuth.*

que « tout Evêque doit voir, fût-il un autre
saint Paul (1); » et aujourd'hui même, ce
grand Pape lui décerne le plus glorieux des
témoignages dans les larmes et les éloges
qu'il donne à sa mémoire (2).

C'est ce dévouement à l'Eglise et à son
Chef qui lui inspira sur le siége de Digne
son livre célèbre *Des Institutions diocé-
saines*. Il savait que le premier besoin,
comme le premier droit de l'Eglise, c'est
d'être libre; non, certes, que l'Epouse du
Christ rêve je ne sais quelle liberté fac-
tieuse de l'orgueil incapable de supporter
la règle et impatient de toute domination
qui n'est pas la sienne. Ce que l'Église
réclame du monde, ce qu'elle a maintenu
dans tous les âges au prix de tous les la-
beurs, et quand il l'a fallu, au prix du sang,
c'est le droit d'exercer sans entraves la
mission qu'elle a reçue d'en haut. Ne craignez rien, ô Puissances du siècle, de cette
fille du ciel. Elle ne s'approche des trônes

(1) Bossuet, *Discours sur l'unité de l'Église.*
(2) Voyez à la fin du discours la note III.

que pour en assurer les fondements en les
entourant des respects et des soumissions
de la conscience. Il est vrai qu'elle demande la liberté dans son passage à travers
ce monde, mais c'est la moins menaçante
de toutes, celle de servir son Dieu et de le
faire servir de toute créature, la liberté de
la foi, la liberté de l'amour qui se dévoue à
Dieu et à l'humanité. Nos Evêques ne de-
mandent pas autre chose, et tous ceux qui
ont connu la sage modération de Dominique-Auguste savent qu'il ne pouvait de-
mander davantage.

C'est dans cet esprit, mes Frères, qu'à
peine sur le siége de saint Denys il usa
de cette liberté qu'il avait défendue si
noblement, et prouva aux plus prévenus
que l'Eglise en est digne par l'usage qu'elle
en fait. Ainsi le vîmes-nous faire renaître,
par la convocation du concile de Paris, les
assemblées provinciales que les saints Canons recommandent aux premiers Pasteurs, et que notre temps a eu la gloire de
rendre à l'Eglise de France. L'Episcopat,

« qui est un, aime à s'unir, » dit excellem-
ment Bossuet (1), et jamais sa puissance ne
paraît plus sainte, plus forte, plus visible-
ment divine que dans ces augustes réunions. Là, Jésus-Christ est plus présent à
ses Pontifes, et il accomplit sa promesse :
« Où deux ou trois sont assemblés en mon
nom, je suis au milieu d'eux (2). » Là, se
resserrent les liens qui attachent les fidèles
aux prêtres, les prêtres aux Evêques, tous
ensemble à leur chef, le vicaire de Jésus-
Christ. Là, l'autorité s'agrandit, et ses dé-
cisions prennent quelque chose de plus
dominant et de plus sacré du concours de
ses premiers dépositaires. Là, les senti-
nelles d'Israël font la revue de la cité sainte
et en signalent les périls. Là, les Prophètes
du Très-Haut rappellent la loi, dénon-
cent les scandales, tonnent contre l'erreur,
troublent les indifférents, effrayent les
pécheurs, affermissent les incertains, con-

____

(1) *Discours sur l'unité de l'Eglise*, 3ᵉ p.
(2) *Ubi enim sunt duo vel tres congregati in nomine meo,
ibi sum in medio eorum* (Matth. XVIII, 20).

fondent les ennemis. Là, la discipline est relevée, les règles ecclésiastiques reprennent leur vigueur, la sainteté des institutions est rétablie, les Eglises se réforment et la beauté des anciens jours revit. Saintes assemblées de nos Evêques, de quels transports de joie nous avons salué votre retour ! Depuis qu'au siècle dernier la tempête avait dispersé les débris de notre Eglise et jeté ses Pasteurs à l'échafaud ou à l'exil, nous ne vous connaissions plus que par les souvenirs de l'histoire. Nous avions vu l'Evêque au milieu de ses fidèles et de ses prêtres : nous n'avions pas vu tous les Evêques d'une province unissant leur dignité et leur puissance, et grandis en quelque sorte par leur union même. Qu'il a été beau de voir les successeurs des Apôtres venir au milieu des peuples, avec la majesté des âges, avec l'autorité des traditions, montrer au monde l'immuable et toujours vivante unité de la hiérarchie ! A ce spectacle, la foi des fidèles a éclaté en actions de grâces ; l'indifférence s'est

sentie remuée comme par une apparition
divine ; l'incroyance elle-même a été saisie
d'un respect inconnu; les Balaams infidèles,
« venus pour maudire, s'en sont allés bénis-
sant (1); » du fond de leurs tombes nos vieux
Evêques ont tressailli, et ils ont remercié
Dieu du triomphe de son Eglise. Triomphe
glorieux, dont l'initiative appartient à celui
que nous pleurons ! Les âges qui vont
suivre en jouiront après nous, et, quand ils
voudront remonter à l'origine d'une res-
tauration si heureuse, au premier rang de
ses auteurs ils nommeront, en comblant sa
vertu d'éloges, Marie-Dominique-Auguste,
Archevêque de Paris.

TROISIÈME PARTIE.

Il est un dernier devoir de l'Evêque et
que saint Paul lui rappelle en ces termes :
« Montrez-vous en toutes choses le modèle

____
(1) Num. XXIII, 8.

des bonnes œuvres », *In omnibus præbe teipsum exemplum bonorum operum* (1). Quelles sont ces bonnes œuvres, sinon surtout celles de la bienfaisance et de la miséricorde ?

C'est la gloire de l'Eglise, mes Frères, qu'elle ait appris au monde la bienfaisance, et qu'elle n'ait traversé la terre depuis dix-huit siècles qu'en la couvrant des institutions et des monuments de sa charité. Ses Evêques ont toujours mis au premier rang de leurs devoirs la tutèle des misères humaines; et, si quelques uns ont brillé entre tous par l'éclat de leurs dévouements, comme les Paulin de Nole, les Thomas de Villeneuve, les Charles Borromée, en rendant de justes hommages à l'héroïsme de ces grands hommes, nous devons cette justice à leurs frères dans l'Episcopat, qu'à l'exemple des temps apostoliques, et, comme ce Diacre immortel de l'Eglise romaine (2), ils ont toujours regardé les pauvres comme

____

(1) Tit. ii, 7. — (2) S. Laurent.

le vrai trésor du sanctuaire. L'Eglise de
Paris en particulier a cet honneur que, du
glorieux saint Denys à nos jours, si des
mérites divers distinguèrent ses Pontifes,
ils se ressemblèrent tous par ce trait commun de leurs vertus pastorales, la charité.

Dominique-Auguste ne pouvait laisser
dégénérer en ses mains un si noble héritage. Il n'oublia jamais que le cœur de
l'Evêque doit être celui même de Jésus-
Christ, comme saint Chrysostôme l'a dit
de saint Paul, et que pour le ministre aussi bien que pour le maître, les
mêmes prédilections doivent s'adresser aux
mêmes favoris, c'est-à-dire aux pauvres.
Sur le siége de Digne, ses aumônes furent
vraiment épiscopales. Nous ne saurions
leur donner un plus bel éloge qu'en disant
qu'on les remarqua même après celles de
Monseigneur Miollis, que la reconnaissance et la vénération publique avaient
surnommé le *père des pauvres*. Mais la
Providence réservait un plus vaste théâtre
à sa charité.

Rappelez-vous, chrétiens, ce que nous avons vu il y a quelques années, lorsque la plus effroyable des tempêtes éclata sur notre pays. La France, soulevée jusque dans ses fondements, remuait de ses propres secousses l'Europe entière. Le sol, ébranlé de toutes parts, ou faisait crouler les trônes, ou les laissait pendants sur le gouffre. Toutes les institutions sociales vacillaient sur une terre qui ne pouvait plus les porter. Des luttes sanglantes, et où le courage, la sagesse, le droit avaient failli succomber, couvraient la patrie de deuil; et, dans la victoire même qui nous sauvait, il y avait tant de place pour les larmes, qu'il semblait n'en rester plus pour la gloire. Nous n'avons pas à rechercher ici les causes de ces terribles commotions et de nos malheurs; nous n'avons qu'à adorer le grand Dieu qui a les nations dans sa main, et qui à son gré tantôt les retient sur les pentes, tantôt, pour leur faire sentir le besoin qu'elles ont de lui, les laisse se précipiter aux abîmes. L'Archevêque de Paris, monseigneur Affre, trouva la mort et le triomphe dans ces luttes dont il fut la dernière comme la plus illustre victime. La France, l'Europe, le monde, saluèrent de leur admiration son héroïque sacrifice. L'Eglise de Paris resta en suspens entre les larmes et les actions de grâces, ne sachant si elle avait plus à gémir d'avoir perdu un tel Pasteur, ou à remercier Dieu de lui avoir donné un tel Martyr. Dieu lui destinait un Apôtre pour remplacer le Martyr; il lui envoya l'Evêque de Digne.

Dominique-Auguste nous l'apprend; cette mission l'étonna d'abord, et il ne sut que s'écrier avec le Maître : « Que ce calice passe loin de moi (1) ! » Bientôt la foi fit taire la nature. Ecoutez, fidèles, ce sont ses paroles mêmes que vous allez entendre. « Le souvenir d'une mort glorieuse, nous dit-il, la possibilité d'une destinée semblable, voilà ce qui a eu le pouvoir de nous séduire. L'attrait du

____

(1) *Transeat a me calix iste* (Matth. XXVI, 39).

péril, de la souffrance, du dévouement, du sacrifice a sollicité notre âme (1). » Ne reconnaissez-vous pas le langage d'un Apôtre, et qu'est cette voix que la voix même de la charité? Cédez, pieux Pontife, cédez à la volonté de Jésus-Christ qui vous appelle et aux vœux d'une grande Eglise qui vous attend. Vos généreuses prévisions ne vous trompent point; Dieu ne vous refusera pas ce qui a séduit saintement votre zèle. Vous mettrez sur le siége de saint Denys vos sueurs, vos sacrifices, pourquoi dois-je ajouter et votre sang!

Que n'attendez-vous pas, mes Frères, d'un Evêque qui vient à son peuple dans de tels sentiments? Déjà son cœur l'a conduit à ce faubourg de Paris, rendez-vous, ce semble, de toutes les misères et de tous les dénûments, au faubourg Saint-Marceau. Il estime que nulle portion du troupeau n'a plus de droits aux premières visites

(1) Instruction pastorale pour la prise de possession du Diocèse de Paris.

du Pasteur, puisque nulle ne compte plus
de malheureux. Par une attention délicate
où se peint son âme, il choisit pour y recevoir ses pauvres la maison qu'ils con-
naissent le mieux, la maison des Sœurs de
Saint-Vincent de Paul, digne, certes,
d'être honorée avant toutes de l'hôte que
lui amène la charité. Il y avait là, dans les
pénibles et obscurs services de la bienfaisance chrétienne, une de ces femmes que
la Providence semble se choisir à chaque
époque pour en faire ses représentantes
auprès du malheur; femme dont la miséricorde remplissait le cœur tout entier, ne
voulant rien de ce monde que les occasions
de s'immoler en faisant le bien, familière
avec tous les dévouements qui n'étaient
chez elle que les actions ordinaires et pour
qui c'était une même chose de vivre et
d'être héroïque; une de ces femmes qui
suffisent à prouver la divinité de la Religion qui les inspire; disons tout en un mot,
une vraie Fille de saint Vincent de Paul
et de la Charité. Vos regrets et votre

reconnaissance, mes Frères, nomment la Sœur Rosalie. C'est elle qui présente au Pontife sa famille d'adoption, ses pauvres accourus en foule auprès de leur Père. Le Pontife les console, les bénit et joint aux bénédictions son aumône, heureux de mettre en pratique le conseil d'un saint Pape, saint Grégoire le Grand : « Il faut que l'Evêque ait la main toujours ouverte, » *Largam manum habeat Episcopus*. Puis, s'adressant à la vénérable Sœur : « Sont-ce là, dit-il, tous vos enfants? » On lui répond que l'infirmité en retient un grand nombre : « Eh bien, ajoute-t-il, s'ils n'ont pu venir à nous, c'est à nous d'aller à eux! » Et, comme on lui fait remarquer que ce n'est pas sans fatigues qu'on monte à leurs réduits, « ce n'est pas sans fatigues qu'on monte au ciel, répond l'Archevêque : la fatigue a son délassement dans le bien qu'on a fait. » Alors il se met en marche au milieu des flots de la multitude qui l'enveloppe, et où va-t-il? Il va quatre heures entières, de

réduits en réduits, visiter jusque sous les
toits les plus malheureux de ses enfants,
ces pauvres infirmes qui ne savent que s'é-
crier dans leur émotion : «Il y a donc aussi
un Archevêque pour nous!» Partout il pro-
digue les encouragements et les secours, et
laisse, en se retirant, quelque chose du ciel
dans ces tristes demeures où il est apparu
comme la Divinité sous les traits du bon
Pasteur. Les heures manqueraient à ce
discours si je voulais tout raconter : disons
seulement que tous les faubourgs de la
Capitale le virent avec les mêmes soins et
les mêmes dévouements pour les malheureux. Ah ! ce sont là des œuvres éminem-
ment religieuses et sociales. C'est ainsi que
l'on désarme les passions de leurs prétextes
et qu'on réconcilie toutes les classes par la
charité. Qui pouvait se croire dédaigné
quand il voyait l'Archevêque dans les plus
humbles réduits ? Qui pouvait se dire
abandonné quand l'Archevêque venait à
lui en ami et en père ? Qui pouvait accuser
la Providence quand son ministre la ren-

dait si présente et si visible ? Qui pouvait accuser la Société quand l'une de ses plus hautes puissances représentait si bien ses sollicitudes pour l'indigence et le malheur ? En un mot, qui pouvait parler encore la langue de l'envie, de la haine, de l'enfer, quand il avait entendu d'une telle bouche la langue de l'amour, du sacrifice, du ciel ?

Cet amour des pauvres ne se refroidit pas dans notre Archevêque avec les années : il a été, permettez-moi ce mot, la passion constante de sa vie, et les malheureux ont pu dire de lui ce que saint Jean a dit de notre Maître, « qu'ayant aimé les siens, il les aima jusqu'à la fin (1). » Aussi qu'un fléau terrible s'abatte de nouveau sur Paris désolé, Dominique-Auguste se souviendra de ce qu'ont fait les grands Evêques dans les calamités publiques. Il se rappellera saint Charles à Milan, et plus près de nous son illustre prédécesseur, Monseigneur de

____

(1) *Cum dilexisset suos... in finem dilexit eos* (Joan. XIII, 1).

Quélen, chassé de son palais en ruines,
proscrit de son peuple, errant dans sa propre Eglise et reparaissant aux jours de nos
épreuves, pour se venger comme se venge
un Evêque, en allant consoler, assister,
bénir, dans les hôpitaux, d'innombrables
victimes dont il adopte les enfants, et pour
qui il fonde cet asile des orphelins du choléra, témoignage toujours vivant de sa
charité. La Salpêtrière, l'Hôtel-Dieu,
Saint-Lazare, le verront, souffrant lui-
même et sous l'atteinte du fléau, s'enfer-
mer des heures entières au milieu des mou-
rants, porter de salles en salles, et à chaque
malade, une bénédiction pour l'âme, une
parole affectueuse pour le cœur; et, après
avoir relevé tous les courages par sa présence, s'offrir encore au Ciel qu'il conjure
d'épargner le troupeau en frappant le Pasteur. Puis, quand la justice de Dieu sera
apaisée, quand «la coupe de sa colère (1)»
cessera de nous verser la contagion et la

____

(1) Is. LI, 17.

mort, il ira consoler de sa visite les paroisses les plus éprouvées ; il recueillera
ces nombreux enfants qui n'ont plus de
famille ; il agrandira pour eux l'hospice des
Orphelins du choléra; et ce peuple d'aban-
donnés, qui lui devra tout, bénira le ciel
d'avoir retrouvé son père et sa reconnaissance, mêlera dans une même action de
grâces le nom de la Providence et le nom
de l'Évêque son magnanime représentant.

Les calamités publiques le virent héroïque : les temps ordinaires le trouvaient
toujours dévoué. Comment rappeler ici
toutes les institutions charitables qu'il fit
naître de son cœur ou qu'il soutint de son
autorité et qui resteront la gloire de son
Episcopat? Dirai-je cette communauté
des Sœurs-Aveugles, où, sous les auspices
de saint Paul, la Religion ouvre le sanctuaire des épouses de Jésus-Christ à des
infortunées que la nature condamnait à un
isolement éternel? Parlerai-je de ces conférences pour les sourds-muets et de ce
zèle ingénieux qui apprend à la chaire

chrétienne à se passer du secours de la voix pour éclairer, attendrir, remuer les âmes (1)? Louerai-je cette fondation que l'humanité appelait comme la foi, qui amène l'Eglise au-devant du convoi du pauvre, pour bénir sa dépouille terrestre et déposer une prière suprême sur sa tombe, la fondation des Aumôniers des dernières prières? Exposerai-je ses vues et ses règlements sur les associations de la bienfaisance chrétienne? Il était heureux et fier de ces créations innombrables qui sont le mérite de cette Capitale devant Dieu. Il aimait à présider à toutes les œuvres, soit dans le temple et pour animer par son exemple les fidèles à l'aumône, soit dans des réunions plus intimes, pour écouter les comptes que la charité se rend à elle-même des nécessités publiques, de ses ressources, de ce qu'elle a fait déjà, de ce qu'elle se doit à elle-même de faire encore. Il eût voulu unir toutes ces œuvres

______

(1) Conférences religieuses à Saint-Roch, pour les sourds-muets.

comme dans un centre commun, pour les
fortifier par leur unité même et accroître
leur puissance en réglant leur cours,
semblable à ces agriculteurs habiles qui
recueillent les eaux de toutes les pentes
et forment de leur union le ruisseau qui
fécondera la terre. Il méditait quelque
chose de plus grand encore. Toujours
poursuivi par l'image de ces misères sans
nombre que la charité la plus généreuse
reste impuissante à secourir, il osa aborder
de front le plus délicat des problèmes. Il
ne rêvait pas sans doute la chimère de
supprimer la pauvreté : il lui eût fallu
supprimer les passions, les événements,
la nature, l'homme même. Mais, en se
résignant à rencontrer toujours des pauvres, il ne se résignait pas à les voir sans
secours. Il eût voulu établir une lutte per-
manente entre la compassion de ceux qui
possèdent et le dénûment de ceux qui
n'ont rien. Loin de notre Archevêque
ces théories insensées qui promettent la
fortune et les jouissances à tous ; qui

comprennent la philanthropie par la spo-
liation et veulent diminuer le nombre des
malheureux en augmentant celui des victimes ; qui couvrent du nom de l'Evangile qu'ils profanent, les passions les plus
réprouvées de l'Evangile et prétendent
mettre l'apothéose de la cupidité sous le
patronage divin du Sauveur du monde.
Ceux qui ont oublié, ou qui ignorent quels
abîmes séparent la charité d'un Evêque
des rêves criminels des sophistes, l'appren-
dront de cette lettre mémorable où, au
nom du concile de Paris, Dominique-
Auguste flétrit les doctrines des nova-
teurs de toutes les réprobations de son
autorité (1). Que voulait donc notre
Archevêque ? Les calculs d'une autre philanthropie, que la Religion sera toujours
heureuse de louer, lui avaient fait connaître
que les indigents sans ressources forment
communément le dixième de la population

(1) Lettre synodale des Pères du concile de Paris, nº 11. —
Mandement pour développer et confirmer le décret du concile
de Paris contre les erreurs qui renversent les fondements de
la justice et de la charité.

dans la cité. Il se disait que, si dix familles se réunissaient pour adopter une famille pauvre, nulle misère ne serait plus délaissée et que, sans efforts, le plus grave, le plus touchant, comme le plus difficile des problèmes se trouverait résolu par la charité. C'est ce qu'il tenta d'organiser dans l'*Œuvre des familles* (1). Grande et sainte pensée dont il n'a déposé que les germes dans son Eglise et à laquelle il n'a manqué jusqu'ici que ce qui n'est pas en la puissance de l'homme, le temps qui féconde les choses et les mûrit. Si jamais les années et la grâce de Dieu développent ces germes, si l'avenir, fût-ce après un siècle, réalise cette institution qui ôterait à la pauvreté l'extrême détresse et l'abandon, générations qui jouirez d'un si grand bien, n'oubliez pas celui qui en a conçu la première idée, et en remerciant la Providence souvenez-vous de l'Archevêque de Paris.

____

(1) Lettre à MM. les Curés de Paris, novembre 1848.

En même temps qu'il créait ou qu'il soutenait ces institutions, Dominique-Auguste assistait les pauvres de ses libéralités, qui sont connues de Dieu seul. Un illustre Evêque, son ami, nous a appris (1) qu'il ne savait pas refuser et que ses dons surpassaient ses ressources. Si les pauvres des Eglises étrangères l'ont trouvé si bienfaisant, quel était-il pour les pauvres de son Eglise? L'année qui n'est plus et qui devait être pour lui la dernière l'avait vu redoubler la générosité de ses pieuses largesses. Il touchait à la tombe et au ciel qu'il s'occupait d'une fondation nouvelle pour les convalescents (2). La mort l'a pris au milieu de ces soins : avant de quitter ce palais épiscopal où ses serviteurs en larmes ne ramenèrent que son corps sanglant et inanimé, il faisait distribuer une somme considérable, et ses derniers ordres ont été ceux de la charité. Mais quoi! je loue les

(1) Voyez à la fin du discours la note IV.
(2) Mandement de MM. les Vicaires capitulaires. (Voir à la fin du discours la note V et la note VI.)

œuvres de la charité, et le temps qui s'en—
vole arrête sur mes lèvres les louanges
que je dois aux œuvres de la piété! Ah!
ce temple consacré par le grand nom de
Marie, ce tabernacle tout plein de la majesté d'un Dieu, m'accusent d'oublier et le
zèle qui proclama dans ce sanctuaire même
le plus beau privilége de la Mère de Dieu;
et le zèle qui tous les jours encore nous
convie, par une perpétuelle adoration, aux
autels de Jésus—Christ. Votre foi, mes
Frères, suppléera à ma parole et votre
mémoire achèvera ce qui manque à cet
éloge.

Ainsi vivait notre Archevêque, tout
entier aux dévouements de la charge
pastorale. Nous nous promettions pour lui
une longue carrière : lui—même, quoique
sa foi lui mît tous les jours sous les yeux
la perfidie de la dernière heure, « qui vient
comme un voleur (1), » il attendait la mort
pour un avenir moins prochain, au bout

______

(1) I Thess. II, 7.

de ses œuvres, pour lesquelles il ne pensait
pas que le temps dût lui manquer. O vanité
des pensées de l'homme et de ses projets,
même pour le zèle et pour la charité ! Pendant que le saint Pontife « s'avançait de vertus en vertus (1) » au milieu des respects,
de la reconnaissance et de l'amour de tous,
la haine de l'enfer aiguisait son poignard
dans l'ombre, et un crime, qui demeurera
l'exécration des siècles, allait changer nos
espérances en un deuil éternel. Pleure
maintenant, ô Eglise de Paris ! Ton premier
Pasteur est tombé dans le sanctuaire pro-
fané, au milieu de son peuple en prières,
et sous le même coup son cœur a cessé de
battre et sa main de bénir ! Pleure, ô Eglise
de Paris, pleure sur la grandeur de ta
perte et plus encore sur l'énormité du
forfait qui t'a ravi ce que tu perds ! Ah ! tu
peux bien dire avec l'Abbé de Clairvaux,
prêtant sa voix à l'un de tes Evêques :
« Toutes les Eglises portent mon deuil et

(1) *Ibunt de virtute in virtutem* (Ps. LXXXII, 8).

aussi leur deuil à elles-mêmes : *Condolet mihi Ecclesia, sed et dolet pro se.* Tous sont dans les larmes; mais tous sont atteints : *Commune damnum, communis desolatio est.* Ce n'est pas une Eglise, c'est la Religion même qui pleure avec moi, » *Mecum omnis Religio plorat* (1). Ne nous y trompons pas, chrétiens, c'est ici plus que l'homme qui est frappé, c'est l'institution ; dans l'Archevêque de Paris, c'est la hiérarchie tout entière; que dis-je? dans le ministre, c'est le maître lui-même, c'est Jésus-Christ. O Dieu terrible en vos justices, que vous offrir pour un tel attentat et pour une telle victime, et quelles larmes, quelles expiations suffiront à étouffer le cri de la « terre qui a bu le sang du juste (2) » et qui demande vengeance ? Jérusalem, Jérusalem, toujours funeste aux prophètes, et qui, à si peu d'années d'intervalle, n'as su donner à tes Pontifes que le martyre, *Jerusalem, quæ occidis prophetas;* puisse

(1) S. Bern., *Ep.* CLXIII, *ad Pap. Innoc.*
(2) Gen. IV, 11.

le sang répandu n'être sur toi que pour t'éclairer, pour te toucher, pour te convertir à celui qui « t'appelle comme la poule ses petits sous ses ailes, » *Quemadmodum gallina congregat pullos suos sub alas* (1)!

Et nous, chrétiens, qui sommes réunis dans ce temple pour rendre un dernier hommage à la mémoire d'un si bon Père, qu'attendons-nous pour mépriser le monde et tout ce qui passe, et nous donner enfin tout entiers aux soins de l'âme et de l'avenir immortel? Qui nous parlera plus éloquemment de la fragilité de la vie et des surprises de la mort, qu'un Archevêque si illustre, précipité en un instant du faîte des grandeurs dans la tombe ; heureux jusque dans cette horrible catastrophe, d'avoir vécu chaque jour de façon à n'être jamais sans préparation pour mourir? Pendant que nous lui offrons devant ces autels nos prières, nos larmes et nos éloges, sincères hommages de la plus juste des douleurs,

(1) Matth. XXIII, 27.

maïs que les années et d'autres deuils
emporteront comme le reste, il est dans
cette éternité où l'homme « n'est suivi que
de ses œuvres (1), » où toutes les grandeurs
d'ici-bas ne sont qu'un titre à des comptes
plus rigoureux et à un jugement plus
sévère. Que lui sert à cette heure d'avoir
été élevé si haut dans le sanctuaire, d'avoir
joui de l'estime des princes, de la vénération des peuples, de l'affection de tous? Ce
qui l'a rassuré devant la justice suprême,
ce qui soutient nos éloges dans cette chaire,
ce qui fait son bonheur dans ce monde
éternel où il nous attend, c'est sa foi si
vive, sa piété si fervente, sa vie innocente
et où les passions n'eurent point de part,
la bienfaisance dont les œuvres remplirent
ses journées, la charité qui l'a dévoué tout
entier à Dieu, à l'Eglise et aux âmes.
Croyez-nous, mes Frères, mettons à profit
de si tragiques leçons. Le bras de Dieu est
encore levé; « la cognée est à l'arbre (2)

(1) Apoc. xiv, 13. — (2) Luc. iii, 9.

et où l'arbre tombe il demeure éternelle—
ment (1). » Ne différons pas davantage la
conversion et la pénitence et travaillons,
il en est temps, à cette grande affaire pour
laquelle ce n'est pas trop de ces quelques
heures que nous appelons la vie, à l'affaire
de notre salut et de notre éternité. Pleurons
le passé, réformons le présent et com—
mençons à bien vivre, afin qu'à l'exemple
de notre saint Archevêque nous soyons
toujours prêts à bien mourir.

Et vous qui êtes l'objet de tant de regrets
et de tant de larmes; vous qui recevez
maintenant votre récompense au sein de
Dieu, nous l'espérons de son infinie misé—
ricorde et des mérites adorables du sang
de Jésus-Christ; saint Pontife, n'oubliez
jamais le peuple qui vous fut si cher! Uni
à vos glorieux prédécesseurs, continuez
votre ministère dans les cieux. Ici—bas,
vous nous donniez vos travaux : dans le
ciel, donnez-nous votre prière. Ainsi,

(1) Eccle. xi, 3.

toujours apôtre et toujours pasteur, rem-
plirez-vous jusqu'à la fin, pour la gloire
de Dieu et pour le salut de votre troupeau,
la devise qui fut l'inspiration de votre
épiscopat et qui restera l'honneur de votre
mémoire : « La plus excellente des vertus,
c'est la charité : » *Major autem horum est
charitas.*

Ainsi soit-il.

NOTES.

NOTE I.

Extrait de la Lettre de Mgr Meirieu, Evêque de Digne, à son clergé, à l'occasion de la mort de Mgr l'Archevêque de Paris.

« Vous savez tous la mort à jamais lamentable de Mgr l'Archevêque de Paris. Nous ne vous dirons pas notre douleur ; vous l'avez comprise et partagée. Mais nous devons vous rappeler qu'il fut notre Evêque. Durant plusieurs années nous avons été l'objet de ses soins et de son affection. Vous avez connu la bonté de son cœur, l'aménité et le charme de son commerce, l'ardeur et la persévérance de son zèle. Nous, qui l'avons vu de plus près, qui avons été honoré de sa vieille et douce amitié, nous pouvons lui rendre ce témoignage, qu'il a été constamment préoccupé du bien de son diocèse. Esprit appliqué, laborieux, nous pourrions dire opiniâtre dans le travail, il consacrait toutes ses journées et ses veilles aux devoirs de sa charge pastorale. Doué par la nature, aussi bien que par la grâce, d'une grande droiture d'intention, il avait en vue dans ses desseins les intérêts de l'Eglise et la gloire du sacerdoce. Sa pensée féconde et toujours en action lui présentait sans cesse de nouveaux moyens d'atteindre le but de ses efforts. Nature bonne, droite et confiante, il ne soupçonnait pas la duplicité, ne croyait pas à l'hypocrisie : il espérait beaucoup des hommes. Les esprits les plus éloignés de la vérité ne le décourageaient pas. Il leur tendait avec confiance une main amie, croyant pouvoir les ramener dans la voie aussi aisément qu'il se serait laissé ramener lui-même. Si, après avoir conçu un dessein, sa conscience lui faisait un devoir de le poursuivre, il ne savait plus reculer devant les obstacles. Les difficultés semblaient lui donner une nouvelle ardeur [et lui garantir le succès de son entreprise. Lorsqu'il était obligé de sévir, son zèle savait prendre de la fermeté, mais une parole de repentir lui touchait le cœur et le forçait au pardon. Toutes ces heureuses qualités, qui auraient pu être employées durant de longues années encore, pour consolider et étendre le bien qu'il avait opéré, la mort les a emportées. »

NOTE II.

Extrait de la Lettre de Mgr Dupanloup, Evêque d'Orléans, à son clergé, à l'occasion de la mort de Mgr l'Archevêque de Paris.

« Ce qui ajoute, s'il se peut, à l'horreur de ce crime, ce qui saisit le cœur d'une compassion extrême, c'est que le pieux Pontife dont nous déplorons la mort était la bonté même, le meilleur, le plus indulgent des hommes : j'ai connu, j'ai vénéré, j'ai admiré ses immortels prédécesseurs ; je les ai même servis, selon la mesure de mes forces, dans la grande œuvre dont ils étaient chargés ; mais je dois le dire, nul n'a été plus pasteur que Mgr Sibour ; nul n'a plus fait que lui, pour le salut des âmes, pour le développement de toutes les œuvres de la charité et de la piété chrétienne ; nul n'a travaillé avec plus de persévérance et d'énergie à la fondation de ces nouvelles paroisses de Paris, sans lesquelles les deux tiers de l'immense population de cette grande cité sont condamnés à vivre et à mourir sans temple et sans autel, sans Christ et sans Dieu...

» Et ce qu'il faut ajouter, parce que ce fut le partage de Mgr Sibour, et la sanctification de sa vie et de son apostolat, comme ce fut la gloire de saint Charles et de saint François de Sales, les amertumes, les injustices, les outrages mêmes ne lui ont pas manqué ! Mais Dieu, à l'heure qu'il est, lui tient compte de ses travaux et de ses peines ; sa main paternelle a fermé déjà les plaies de ce cœur qui n'a su, dans la vie comme dans la mort, que plaindre et pardonner ; et j'aime à penser que la patronne de Paris, dont il était venu honorer le tombeau, à l'heure même où il devait lui-même tomber dans la mort, lui avait préparé, dans ses intercessions auprès de Dieu, la couronne réservée aux pasteurs apostoliques et aux martyrs. »

Extrait du Mandement de Mgr Jacquemet, Evéque de Nantes.

« D'autres diront les œuvres vraiment grandes, vraiment pastorales qui ont rempli les jours de ce trop court épiscopat ; mais rien n'ôtera de notre cœur le souvenir de cette douceur affectueuse, de cette bienveillance universelle, de cette mansuétude extrême qui, nous le disons les yeux pleins de larmes, aurait dû seule le défendre contre le poignard d'un assassin. »

NOTE III.

Extrait du Bréf de N. T. S. P. le Pape Pie IX à Mgr l'Evéque de Tripoli, à l'occasion de la mort de Mgr l'Archevéque de Paris.

« Une grande consolation pour Vous et pour Nous, c'est la ferme espérance que le défunt Pontife, affranchi des choses terrestres, est entré dans le royaume céleste. En effet, pendant sa vie il témoigna, soit à Nous-même, soit au Siége apostolique, une particulière vénération ; il se distingua par la piété, le zèle et les autres vertus chrétiennes. Il travailla au salut du troupeau qui lui était confié avec tant d'ardeur et de sollicitude, que Nous avons la pieuse confiance qu'il jouit maintenant de la félicité éternelle. »

Extrait du Bref de N. T. S. P. le Pape Pie IX à MM. les Vicaires généraux capitulaires de Paris.

« Vous pourrez aisément comprendre par vous-mêmes dans quelle douleur ou plutôt dans quel accablement nous a plongé la mort tragique de ce pieux Archevêque, que Nous entourions d'une particulière bienveillance, à cause de son dévouement éprouvé pour Nous et pour le Siége apostolique, de sa sollicitude pastorale pour le bien de son diocèse, et des autres qualités éminentes qui brillaient en lui. Nous sommes bien persuadé que vous en avez ressenti vous-mêmes une affliction extrême, comme le témoigne vivement la lettre si empreinte de douleur que vous Nous avez adressée au sujet de ce lamentable événement.

» Mais le zèle et la piété dont Notre Vénérable Frère était animé Nous font espérer que, du triste pèlerinage de cette vie mortelle, il est passé dans l'heureuse et l'éternelle patrie, et qu'il y a reçu du divin Prince des pasteurs la couronne incorruptible de gloire. Toutefois, parce que la poussière du monde, comme dit saint Léon, vient souiller même les cœurs les plus pieux, Nous n'avons pas négligé d'offrir, pour l'âme du Pontife défunt, des prières, des supplications et des sacrifices au très-clément Père des miséricordes. C'est ce que nous avons fait non-seulement en particulier, mais encore dans un service public solennellement célébré dans la basilique des Douze Apôtres. »

NOTE IV.

*Extrait de la Lettre de Mgr Guibert, Evéque de Viviers,
au clergé de son diocése, à l'occasion de la mort de
Mgr l'Archevéque de Paris.*

« Presque tous les membres de notre clergé ont connu
le pieux et saint Archevêque, qui était né dans un diocèse
voisin, à quelques lieues seulement de notre ville épiscopale. Plusieurs d'entre vous ont été ses condisciples, tan-
dis qu'il faisait ses études théologiques dans notre grand
séminaire. Quand il venait de temps en temps visiter son
pays natal, il aimait à revoir le berceau de son éducation
cléricale; c'était un bonheur pour lui de retrouver ici les
anciens compagnons de ses études et de s'entretenir avec
eux des années de sa jeunesse écoulées à l'ombre de cette
maison. Nous l'avons vu nous-même, depuis qu'il était
Archevêque de Paris, entrer un jour avec une religieuse
émotion dans l'étroite cellule qu'il avait habitée au séminaire, et là, se recueillir pieusement, comme pour se
renouveler dans la ferveur de son noviciat ecclésiastique.

» Rien n'égalait son zèle pour le triomphe de la religion
et pour les intérêts de l'Eglise qu'il aimait comme une
mère ; cet amour était en lui une passion. Il voulait que
la religion fût non-seulement pratiquée par le peuple,
mais que les classes instruites lui apportassent aussi l'hommage de leur respect sincère et de leur fidélité. C'est une
des fins qu'il s'était toujours proposées dans ses études, et
l'on sait que, dans le cours de son ministère, il a tenté,
pour atteindre ce noble but, les plus louables efforts.

» Son âme était simple, son cœur un des meilleurs que
nous ayons connus. La douceur et la mansuétude for-
maient le fond de son caractère, sans exclure ce mâle
courage qui ne fléchit pas devant les difficultés. En se
rendant à Paris, après sa nomination, il voulut bien s'arrêter quelques moments chez nous ; il répondit à nos félici-
tations par des paroles que nous avons parfaitement rete-

nues, sans nous douter alors qu'elles renfermaient une
lugubre prophétie : « En des temps ordinaires, nous dit-il,
» j'aurais décliné une dignité si élevée. Mais dans le
» moment présent, qu'est-ce que le siége de Paris, sinon
» un Calvaire? Je regarderais comme une faiblesse de
» refuser d'y monter en portant ma croix. »

» Sa charité pour les pauvres était inépuisable. Pendant
les quelques semaines de repos qu'il venait prendre,
chaque année, dans sa maison de campagne, sa générosité
envers les ouvriers, et pour tous ceux qui souffrent, était
si grande, qu'on était obligé quelquefois d'en modérer
l'élan, pour qu'il ne dépassât pas trop les limites de ses
ressources. »

NOTE V.

*Extrait du Mandement de MM. les Vicaires généraux
capitulaires de Paris, à l'occasion de la mort de Mgr l'Archevêque.*

« Dévoué à tous, notre pieux Archevêque aimait surtout les pauvres. Que de fois il eût voulu pouvoir leur
donner davantage! Mais du moins on peut dire qu'ils
eurent ses dernières pensées, comme ses plus tendres sentiments. Une heure avant de partir pour l'église Saint-
Étienne-du-Mont, où il devait périr d'une manière si tragique, il s'occupait des pauvres et donnait l'ordre de leur
distribuer une somme de mille francs. Trois jours avant
sa mort, il s'entretenait avec nous du projet d'élever un
hospice où les convalescents, à leur sortie des hôpitaux,
trouveraient un asile et des secours. Il avait même déjà
fait tracer et il nous montrait les plans de l'édifice pro-
jeté. Il voulait affecter à cette œuvre si intéressante son
traitement de sénateur. Comme on lui faisait observer
qu'une pareille fondation, avec de pareilles ressources,
demanderait plusieurs années, il répondit que Dieu lui
laisserait peut-être le temps d'arranger les choses, et que

d'ailleurs les fidèles et le clergé de son diocèse ne manqueraient pas de lui venir en aide pour l'accomplissement
d'un acte si charitable. »

NOTE VI.

Les communions étrangères à l'Église catholique ont
trouvé les hommages les plus touchants pour la mémoire
de Mgr l'Archevêque de Paris. Nous citerons les lignes qui
suivent tirées de l'*Univers Israélite* :

« Organe du judaïsme français, nous prenons notre part
de vif regret et de profonde douleur du malheur irrépa-
rable qui vient de frapper nos concitoyens catholiques et
leur Eglise. Nous pleurons avec eux la mort d'un vertueux
et saint Pontife qui propageait, dans toutes les classes de
la société, des sentiments de charité, de tolérance et
d'amour du prochain ; qui était pour les ministres de tous
les cultes un sublime modèle de dévouement, de sagesse,
de grandeur d'âme et d'infatigable sollicitude pour toutes
les souffrances du troupeau confié à sa garde. Nous pleurons avec la Religion le crime horrible commis dans un
lieu consacré à Dieu, à la régénération de l'homme, à la
purification de toutes ses pensées mauvaises ; le sacrilége
inouï qui est venu jeter un poignard d'assassin et un cri
de mort au milieu d'une cérémonie auguste.

» Nous ne pouvons que répandre quelques fleurs sur la
tombe du pieux pasteur tombé au pied de l'autel comme
une victime expiatoire pour les péchés des mortels. « Les
» hommes vertueux de toutes les nations, disent nos doc-
» teurs, jouiront de la vie future. » Le Dieu des Israélites
et des chrétiens aura donc accueilli avec grâce l'âme de
ce noble grand-prêtre, dont la fin cruelle fait, hélas ! verser autant de larmes que sa vie sainte et charitable en a
séché dans l'humanité souffrante. »